アルケミスト双書　タロットの美術史〈9〉

塔・星

鏡 リュウジ

*

The Tower & The Star

Ryuji Kagami

はじめに

タロットの旅で、人を誘惑する「悪魔」と出会った僕たちは、
今、さらに恐ろしい光景を目の当たりにすることになる。
「塔」……あれほど揺るぎないものに見えた堅牢な塔が、雷に打たれ、
一瞬で倒壊しようとしている。高い塔からは人が落下していく。
この札は「死神」と並んで、タロットの絵札の中でも
最も忌まわしいイメージだろう。
人生には本当の意味での安全安心などはない、と
このカードは無言で教えてくれている。
エントロピーの増大がこの宇宙の基本法則だとするなら、
すべてのものは構築されても遅かれ早かれ崩壊していく定めなのである。
しかし、すべてが失われたように見えても、人には「希望」が残されている。
ダンテの『神曲』では、「すべての希望を捨て」た者が赴く
地獄の圏内では星が見えないが、地獄を抜けたときに星が輝く。
タロットで「塔」の後に「星」が続くのは実に意義深い。
崩壊と絶望の夜を迎えて、再び「星」が生まれ、昇る。
魂の暗い夜を潜り抜けてこそ、光はもう一度姿を現すのだ。
この巻では、「塔」と「星」のさまざまな表現を通して、
僕たちが直面する絶望と希望の２つの側面を
浮かび上がらせることにしよう。

鏡 リュウジ

contents

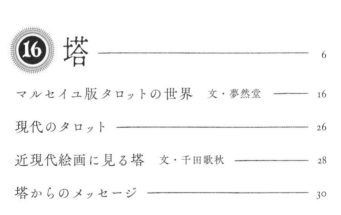

The Tower

ピーテル・ブリューゲル1世《バベルの塔》
1563　美術史美術館蔵（ウィーン）

塔

ウェイト゠スミス版〈塔〉

Waite-Smith Tarot
1910　イギリス／ロンドン　夢然堂蔵

「吊られた男」「死神」「悪魔」と並び、不穏なイ
　メージを想起させる「塔」。建物が崩壊し、
人が落下していく場面は見るのもつらいが、人生に
予期せぬ出来事は起こるもの。「塔」はそんな現実
の辛苦をタロットの一連の物語の中で示している。

塔 / *The Tower*

揺るぎなく見えるものも
一瞬で崩壊する可能性を警告

堅牢に見える塔を落雷が襲い、崩壊する。人がそこから落下していく……強烈なイメージを持つ札、「塔」。

この「塔」の札にも「悪魔」の札と同じような謎が内包されている。第8巻で述べたことだが、現存する最初期のタロットに「悪魔」は見当たらない。それと同様に、最も揃ったかたちで現存するヴィスコンティ・スフォルザ版などにはこの「塔」の札はないのである。

「悪魔」「塔」は最初から存在しないのか、あるいは意図的に取り除かれたのか、はたまた時の流れの中で散逸したのか……確たる答えは誰も持っていない。

そもそも、この「塔」は何を描いているのかについてもさまざまな意見がある。一見すると聖書に登場するバベルの塔であるかのようにも見えるが、おそらくこれは違う。天にも届かんとする塔の建築をもくろんだ人類の傲慢を罰したというこの逸話には、雷は登場しないからだ。

そのタイトルからして「矢」「稲妻」「火」などとされていた記録もある。

興味深い仮説として、これは中世の道徳劇に見られる物語の表現だというものがある。人々を教化するために演じられた劇では救われぬ魂をあぶる煉獄の炎、あるいは地獄の入口である悪魔の口といった舞台装置が創られた。そこへキリストが登場し、「塔が打ち砕かれたのを見よ」と宣言するのである。「悪魔の家」「神の家」といったこの札の別称はこの道徳劇起源説と相性がよい。

また初期のタロットを発注したヴィスコンティ家のライバルが「トッレ」(塔)家であったことを強調する向きもある。「塔の崩壊」は敵一族の破滅を暗示するというのだ。いずれにせよ、この札は堅牢に見えるものも一瞬で崩壊するという厳然たる事実を見事に可視化しているのだ。

ヴィスコンティ・スフォルザ版
〈塔〉

Visconti-Sforza Tarot
Dal Negro 社により制作された復刻版
1975

左頁でも述べたが、オリジナルの
ヴィスコンティ・スフォルザ版に
「塔」は存在しない。こちらは復刻
にあたり現代の画家が想像で再現
したもの。

名画に見る〈塔〉

『ベッドフォードの時祷書』より
《バベルの塔の建設》

1410–30頃　彩色写本
大英図書館蔵（ロンドン）

西洋絵画に描かれる塔は、旧約聖書で伝えられる「バベルの塔」が大半を占める。人々はかつて同じ言葉を話していたといい、天まで届く塔を建設し始めた。この写本挿絵ではステンドグラスのあるゴシック様式の白い塔として表されている。地上で建設に勤しむ人々がリアルに描かれるが、上部では諍いが起き、塔が崩れ始めている。

シャルル6世のタロット
〈塔〉

Charles VI Tarot
1475–1500頃　イタリア
フランス国立図書館蔵（パリ）

誤ってシャルル6世に帰せられているが、
15世紀の作。現存する中で最も古い「塔」
の札の1枚。

ローゼンワルド・シート
〈塔〉

Rosenwald Playing Cards
15世紀　イタリア
ナショナル・ギャラリー蔵
（ワシントン）

要塞のような「塔」に雷あるいは
太陽からのフレアのように見える
ものが直撃し、倒壊させている。建
造物にはアーチ状の入口があるの
も特徴。

ジャック・ヴィエヴィルのタロット
〈雷〉

Tarot de Jacques Viéville
1650 フランス／パリ
フランス国立図書館蔵（パリ）

「塔」が描かれない珍しいパターンの構図。
樹木に神の雷が降り注いでいるのだろう
か。火の粉にも見える無数の小さな光の
玉を男が驚愕しながら見ている。

タロッキ・フィーネ・ダッラ・トッレ〈塔〉

Tarocchi Fine dalla Torre
17世紀 イタリア／ボローニャ
フランス国立図書館蔵（パリ）

要塞に天から火が降り注ぎ、建造物内で
も火災が起こっている。建物からは2人
の人間が落下している。上部に太陽ある
いは月が見える。

作者不明のパリジャンのタロット
〈雷〉

Tarot Anonyme de Paris
1600～50頃　フランス／パリ
フランス国立図書館蔵（パリ）

地獄の様子を描くのだろうか。悪魔たち
が業火の中で裸の人間を苦しめている様
子が示されている。これもまた「塔」の
構図のひとつの型である。

ミテッリ・タロッキ
〈雷〉

Tarocchini Mitelli
1660～70頃　イタリア
フランス国立図書館蔵（パリ）

「塔」は描かれず、人間を直撃する雷が描
かれている。神の怒りに触れた人間を示
すのだろうか。この雷に突然打たれたら、
人間などひとたまりもない。

13

名画に見る〈塔〉

ピーテル・ブリューゲル１世
《バベルの塔》

1568頃　油彩／板　59.9×74.6㎝
ボイマンス・ヴァン・ベーニンゲン美術館蔵
（ロッテルダム）

　西洋絵画で最も有名な「塔」のひとつ
として挙げられるのが、16世紀ネーデ
ルラントの巨匠ブリューゲルによる《バ
ベルの塔》である。当時の建設技術や
機械が精巧に描き込まれ、観た人はま
るでこの塔が本当に存在しているかの
ような感覚を覚えたかもしれない。だ
が人間の大きさに比して塔は非現実的
なほど巨大だ。聖書の記述通りならば、
この塔はやがて崩壊する。嵐の前の静
けさのなか、建設の音が物哀しくこだ
ましているかのようだ。

マルセイユ版タロットの世界

文・夢然堂

上空から降る炎ないし稲妻めいたものに撃たれる、最上部が王冠のようなデザインの、石造りの塔。ヴィアッソーネ版を除くと、地上には2人の人物が見える。

札名はイタリアのヴィアッソーネ版のみ「塔」だが、その他はすべて「神の家」。聖アウグスティヌスによると、「神の家」は3つの対神徳から成るという。「信仰を礎とし、希望によって建てられ、愛によって完成される」。炎は愛徳の代表的な象徴であり、「冠を被せる（couronner）」には「完成させる」の意味もある。

もうひとつ関連があるように思えるのが、「星」札の項でも触れる「煉獄」である。この概念の根本に関わるとされる聖書のコリント書第一に、「火によって試される、土台の上に立てられた建物」＝神の宮たる人間、というコンセプトが登場する。煉獄と

は火によって罪を浄化され、神の愛による救済を得る場である。この札に描かれた人々の姿は、墜落と見るにせよ転倒と見るにせよ、罪ある人類の代表なのかもしれない。

彼ら2人の姿からは、聖ペテロのイメージも想起される。画面右下、石造りの塔の最下部に描かれた人物の様は、聖ペテロがイエス・キリストにより教会＝神の家の「礎の石」となるよう定められたことと重なる（ペテロの名はまさしく「石」の意）。一方、左下の人物は地面の石に躓いたようにも見えるが、聖書のペテロの手紙第一には、「躓きの石」への言及がある。師イエスとの関係を3度にわたり否認してしまった彼の「躓き」は、改悛し揺るぎない信仰を獲得するための機縁ともなった。

「悪魔」のすぐ上で、罪と救済が暗示されていることに意を向けたい。

ルヴァンのニコラ・コンヴェル版
〈神の家〉

Tarot of Marseilles by Nicolas Conver
1860年代頃　フランス／マルセイユ　夢然堂蔵

カモワンのニコラ・コンヴェル版
〈神の家〉

Tarot of Marseilles by Nicolas Conver
19世紀末　フランス／マルセイユ　夢然堂蔵

ルノーのブザンソン版〈神の家〉
The Besançon Tarot by Renault
19世紀前半　フランス／ブザンソン　夢然堂蔵

ミュラー版
〈神の家〉

Tarot of Marseilles by J. Muller
19世紀末頃　スイス／シャフハウゼン　夢然堂蔵

ヴィアッソーネのピエモンテ版
〈塔〉

Piedmont Tarot by Alessandro Viassone
1900年前後 (?)　イタリア／トリノ　夢然堂蔵

*各パックについては第1巻「愚者・奇術師」〔17〜19頁〕で解説

名画に見る〈塔〉

ベルナルド・ベッロット
《廃墟の旧聖十字架教会、
ドレスデン》

1765　油彩／カンヴァス　84.5×107cm
チューリヒ美術館蔵

中世の時代からヨーロッパの主要都市では
大聖堂が建設され、空高くそびえる尖塔が
街のシンボルとなった。ドレスデンの聖十
字架教会は七年戦争のあおりを受けて1760
年に大破する。尖塔は一部を残したが、そ
の5年後に倒壊。だが1792年には同市のラ
ンドマークのひとつとして見事に蘇った。

ジョセフ・マロード・ウィリアム・
ターナー
《ロンドン塔の武器庫の火災》
1841　水彩／紙　23.5×32.5cm
テート蔵 (ロンドン)

イギリスで最も有名な塔として知られるロ
ンドン塔は、11世紀初めにイングランド王
の居城として築かれた後、19世紀まで政治
犯の牢獄、処刑場であったという暗い歴史
を持つ。1841年、ロンドン塔の北側で大規
模な火災が発生し、ターナーは武器庫の崩
れゆく瞬間を水彩で劇的に描き留めた。

ジョヴァン・モリネッリによる
ミンキアーテ版
〈神の家〉あるいは〈塔〉

Minchiate Tarot by Giovan Molinelli
1712-16　イタリア／フィレンツェ
フランス国立図書館蔵（パリ）

コロンバのミンキアーテ版
〈神の家〉あるいは〈塔〉

Minchiate Tarot alla Colomba
1760　イタリア
フランス国立図書館蔵（パリ）

ミンキアーテ版
〈神の家〉あるいは〈塔〉
Minchiate Tarot
1860~90頃　イタリア／フィレンツェ
フランス国立図書館蔵（パリ）

ミンキアーテ版とは16世紀のフィ
レンツェを発祥の地とする97枚
セットのタロットパック。建物
に炎が降りかかり、その建造物
の中から逃げ出しているような
裸の女性が描かれる。この建物
は地獄の入口なのかもしれない。
そこから追いかけているような
男は、女性を連れ戻そうとする
悪魔であるのだろう。

グラン・エテイヤ
（タロット・エジプシャン）
〈雷の寺院〉
Grand Etteilla or Tarot Égyptien
1850–90頃　フランス／パリ
フランス国立図書館蔵（パリ）

18世紀末の占い師エテイヤが制作した史
上初の「占い専用」タロット。雷鳴がと
とろく下での寺院を描く。この札は「苦
痛とみじめさ」を表すのだという。正位
置で出るとすぐにでも金銭が必要になる
ことを示すという解釈もある。

オズヴァルト・ヴィルト・タロット
〈神の家〉あるいは〈雷〉
Oswald Wirth Tarot
1889　フランス／パリ
フランス国立図書館蔵（パリ）

19世紀末にオカルト主義者オズヴァルト・
ヴィルトが制作したタロット。この札で
は「塔」が「神の家」あるいは「雷」と
いう名称になっている。4つの開口部の
あるこの「塔」は霊的高みに昇るための
階梯であるが、分を超えて昇り過ぎる危
険も同時に示すという。

ウェイト゠スミス版
〈塔〉

Waite-Smith Tarot
1910　イギリス／ロンドン　夢然堂蔵

現代のタロット文化に最大の
影響を与えたウェイト゠スミ
ス版。「塔」から落下する2人
の人物は、真理についての表
面的な理解と誤った解釈とい
う2つの過ちを表すという。
生きた知性の働きはそのとち
らでもないのだろう。

THE TOWER.

The Tower

01.

アニマ・ムンディ・タロット

The Anima Mundi Tarot by Megan Wyreweden

🌐 thecreepingmoon.co
📷 thecreepingmoon

アニマ・ムンディとは「世界の魂」を意味する。このタロットは地球の生態系をタロットの札に仮託して表現するもの。「塔」は、生命活動に大きな影響を与える火山活動として描かれる。

02.

カーニバル・アット・ジ・エンド・オブ・ザ・ワールド・タロット

The CARNIVAL at the END of the WORLD Tarot Deck by Nicholas Kahn & Richard Selesnick

🌐 kahnselesnick.biz
📷 kahnselesnick

「世界の終わりのカーニヴァル」という印象的な名のパックで、世界的に高い評価を得ている。緑の大地に、家で構成された巨人の姿でそびえる「塔」は実に印象的である。

The Tower

03.

ソムニア・タロット

The Somnia Tarot by Nicolas Bruno

🌐 nicolasbrunophotography.com
📷 nicolasbruno

写真で構成されるアート・タロット。
作者のニコラス・ブルーノによると、
波しぶきは無意識的なトラウマを、縛
られた身体はこの人物の苦痛を表す。
だが硬直化した状況を突破すれば新
展開が待っている。

04.

タロット・オブ・
ミスティカル・モーメント

Tarot of Mystical Moments
by Catrin Welz-Stein

🌐 catrinwelzstein.com
📷 catrin_welzstein

崩れつつある塔を抱きしめる女性が、
この建造物とともに虚空へと霧散し
ていく。自分を支えていたものへの
殉死なのだろうか、あるいは過去の
執着からの解放なのだろうか。見る
者の想像力をくすぐる1枚。

近現代絵画に見る
塔

文・千田歌秋

——慢心の象徴としての塔は
　神罰により打ち倒される運命に

フェリックス・ヴァロットン
《廃墟と火災の風景》
1915　油彩／カンヴァス　115.2×147cm　ベルン美術館蔵

ジョン・マーティン
《ソドムとゴモラの破壊》
1852　油彩／カンヴァス　136.3×212.3cm
レイング・アート・ギャラリー蔵（ニューカッスル）

　塔を建てることは、謙虚に頭を垂れることの反対で、増長した人間が神の領域に近づくことを意味する。それは野望と驕心の象徴であり、天から放たれる雷によって打ち倒されるだろう。

　戦災で破壊される塔や街を描いたヴァロットン。ここで傲慢にも神に代わって人間に制裁を下すのは、同じ人間である。相手の正義の塔が高過ぎるという理由で、お互いを攻撃し合うのだ。

　天に背く蛮行により、神の火で滅亡させられたソドムとゴモラ。悪徳と頽廃の塔は、灰燼に帰す運命にあった。マーティンは、燃える町から娘たちを連れ出すロトと、禁を犯し塩の塔（柱）になったその妻を、劇的に描き出した。

塔からの
メッセージ

✤ 想定外のことが起こる可能性を暗示 ✤

そびえ立つ「塔」に雷が直撃し、
火災が発生、そこから人が落下していく。
人は高慢になると「上へ上へ」と自らの足場を
高くしていきがちだが、足元が見えなくなると
そこからの失墜は案外、早いものだ。
このカードは突然の（ように見える）
足場の崩壊を意味すると考えられる。
アクシデント、事態の悪い方への急変、
そして想定外のことなどを暗示する。
または、これまで溜まっていた膿が
一気に出てくることを意味するのかもしれない。
あるいは、古くなりすぎたために
そろそろ壊して刷新していかなければならないこと、
手放さなければならない物事を暗示するものでもある。

Love / 恋愛

突然の別れ、思いがけないトラブルがある。
ショッキングな出来事。
一方で電撃的な恋の始まりや結婚の可能性もある。
いずれにせよ、これまでの関係性が一気に変わり、
急変することが予想される。
今までの状況にしがみつかない覚悟を。

Work / 仕事

アクシデントや想定外のトラブルが起こるかもしれない。
突然の異動、あるいは状況の変化。
驚くようなニュースが飛び込んでくる。足元をすくわれる。
急激な業績の悪化、取引先の不祥事や
業績悪化によるあおりを受ける、など。
今の状況から飛び出す勇気を持っておくことが必要。

Relationship / 対人関係

相手との関係性が急激に変わる。心変わり。
信頼を失うことになるようなことが発覚する。
あるいは、これまで溜まっていた不満が一気に爆発。
臨界点に到達する。一方で、刺激的な相手に
自分の価値観を大きく揺さぶられることも。

エドワード・ロバート・ヒューズ《夜》
19世紀後半−20世紀初頭　個人蔵

ウェイト＝スミス版〈星〉
Waite-Smith Tarot
1910 イギリス／ロンドン 夢然堂蔵

物事の崩壊のイメージを訴える「塔」の後では、希望を象徴する「星」は救いの手を差し伸べるカードに感じられることだろう。古の人々が星に導かれてきたように、タロットの「星」も現代の人々にとっての道しるべのような役割を担う。

17
星 / *The Star*

どんなときも夜空に輝く
新たな希望の光

これまで自分を支え守ってくれていたと感じられてきたものがすべて倒壊し、傲慢さが打ち砕かれた後に残るもの……それを「星」は暗示しているように思える。塔が崩れた後にも大地は残る。そしてその大地のはるか彼方、地平線から星がまた昇り、新しい導きの光を見せてくれるのである。

最初期のタロットでは、「星」はきわめてシンプルな描写である。ヴィスコンティ・スフォルザ版では夜空を思わせる衣を着た女性が星を手にして崖の上に立ち、その目線は星へまっすぐに向けられている。

しかし、その後、「星」のイメージは大きく変容していく。星を画面中央にひとつだけ描いたものもあれば、占星術師が星を観測しているもの、あるいはベツレヘムの星に導かれ、イエスの降誕を祝福に向かう東方の博士（これも占星術師だ）を描くものもある。

マルセイユ系の木版画のタロットでは、一層謎めいた構図をとるようになる。大きな星の下で、裸の女性が壺から水を大河に注ぎ込んでいるのである。これが現在の定番の「星」の構図となっているが、その着想源は不詳だ。星座の水瓶座とも似ているように思うが、水瓶座で描かれるのは女性ではなくギリシャ神話の美少年ガニュメデスである。一方で、自然の女神ないしニンフがこの大地に豊饒の水を注ぎ込んでいるのではないかという解釈もある。

いずれにせよ、この「星」から僕たちが受ける印象は新たな希望であろう。

どんなときにも、僕たちを導く光は存在する。夜が暗ければ暗いほど、小さな光がかえって明るく輝いて見えるものだ。タロットが誕生したルネサンス時代には占星術がたいへん盛んだったが、それは星の観測が宇宙の秩序を知ることと同義であり、この世界で生きる意味の探求にもつながっていたからなのだ。

ヴィスコンティ・スフォルザ版
〈星〉

Visconti-Sforza Tarot
1441–47頃　イタリア／ミラノ
個人蔵

ローゼンワルド・シート
〈星〉

Rosenwald Playing Cards
15世紀　イタリア
ナショナル・ギャラリー蔵（ワシントン）

きわめてシンプルに「星」を描く
構図が印象的。カード上段と下段
の輪の意味するところは不明だが、
天と地上の境界あるいは地平線を
示すようにも見える。

エステ家のタロット〈星〉

Este Tarot
1450頃　イタリア
イェール大学図書館蔵（ニューヘイブン）

2人の占星術師が「星」を観測している
様子が描かれる。15世紀イタリアでは占
星術が興隆しており、当時の装飾にも占
星術的なものが多く見られた。

作者不明のパリジャンのタロット
〈星〉

Tarot Anonyme de Paris
1600–50頃　フランス／パリ
フランス国立図書館蔵（パリ）

さまざまな観測器具とともに描かれた占
星術師。あるいは天文学者だろうか。もっ
とも、当時はまだ占星術と天文学の間に
明確な区別はなかったのである。

タロッキ・フィーネ・ダッラ・トッレ
〈星〉

Tarocchi Fine dalla Torre
17世紀　イタリア／ボローニャ
フランス国立図書館蔵（パリ）

「星」の下にいる3人の人物はおそらく東
方の三博士だろう。ベツレヘムの星に導
かれた占星術師たちがイエス・キリスト
の降誕を祝福したという逸話を描く。

名画に見る〈星〉

《東方三博士の礼拝》

6世紀　モザイク壁画
サンタポリナーレ・ヌオーヴォ聖堂蔵（ラヴェンナ）

星に導かれて東方からやって来た博士
たち（聖書では「占星術の学者たち」）
は、生まれたばかりのイエスを拝み、そ
れぞれ黄金、乳香、没薬を捧げた。先
頭の博士の上部に描かれた八芒星は
「ベツレヘムの星」と呼ばれ、金色のモ
ザイクにより一層きらめいて見える。ま
た『ヨハネの黙示録』でもイエスは「輝
く明けの明星」と称されるなど、聖書
では「星」が神の子と結びつけられ象
徴的に描写されている。

ジャック・ヴィエヴィルのタロット〈星〉

Tarot de Jacques Viéville
1650　フランス／パリ
フランス国立図書館蔵（パリ）

座した天文学者ないし占星術師が「星」
を観測している。コンパスと砂時計は
「星」の観測道具だったのだろう。遠くに
見える塔にも星形の時計（？）がある。

マンテーニャのタロット
〈ウラニア〉

Mantegna Tarot
1530–61頃　イタリア
大英博物館蔵（ロンドン）

ルネサンスの画家マンテーニャに
誤って帰せられてきた50枚1組の
パック。天の女神「ウラニア」が
持つのは球とコンパスである。コ
ンパスは天文学や幾何学の寓意で
もあった。ウラニアは星の動きを
測る存在としても知られていた。

フランソワ・ド・ポワリーの
ミンキアーテ版
〈星〉

Minchiate by François de Poilly
1658-93　フランス
フランス国立図書館蔵（パリ）

オーソドックスなタロットで
はないが、「星」を擬人化した
と思われる女性を描いている。
雲とともに描かれることでこ
の女性が天空にいることが示
され、杖は彼女が「星」の化
身であることを示すようだ。

コロンバのミンキアーテ版
〈星〉
Minchiate Tarot alla Colomba
1760　イタリア
フランス国立図書館蔵（パリ）

97枚1セットのミンキアーテ版
3種を紹介する。馬に乗ったこ
の人物はイエスに最初の誕生プ
レゼントを贈った東方の三博士
のひとりであろう。掲げている
のは杯にも香炉にも見える。乳
香と没薬が贈られた逸話を示す
のかもしれない。

ジョヴァン・モリネッリによる
ミンキアーテ版
〈星〉

Minchiate Tarot by Giovan Molinelli
1712-16　イタリア／フィレンツェ
フランス国立図書館蔵（パリ）

ミンキアーテ版
〈星〉

Minchiate Tarot
1860-90頃　イタリア／フィレンツェ
フランス国立図書館蔵（パリ）

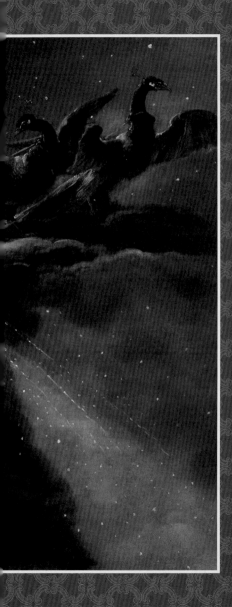

名画に見る〈星〉

ピーテル・パウル・ルーベンス
《天の川の起源》

1636-38　油彩／カンヴァス
181×244cm　プラド美術館蔵（マドリード）

無数の星々からなる夏の夜の風物詩、天の川。ギリシャ・ローマ神話ではその起源について、主神ユピテルの正妻ユノーが夫と人間の女性との間に生まれた赤子と知らずに乳を与えたところ、あまりに力強く吸われてはねのけた際に天空へ噴き出し、天の川（乳の道<small>ミルキーウェイ</small>）になったと伝えている。ユノーの不死の乳を飲んだ赤子は後の英雄ヘラクレスと伝えられるが、ヒュギーヌスの『天文詩篇』ではヘラクレスではなく女神マイアがユピテルとの間に生んだメルクリウス（ヘルメス）であるとし、ルーベンスが典拠としたのは後者だと考えられている。

マルセイユ版タロットの世界

文・夢然堂

ルノーのブザンソン版〈星〉

The Besançon Tarot by Renault
19世紀前半　フランス／ブザンソン　夢然堂蔵

星　々の下、水辺で裸の女性が、両手の瓶から水を注いでいる。ブザンソン版では星の形状が異なり、コンヴェル版やミュラー版に見られる樹上の鳥は省かれている。ヴィアッソーネ版では、さらに星の数も減っており、より簡略化されている。

この札のデザインに関して個人的に注目しているのが、ヨーロッパ文学の最高峰ともいわれる『神曲』で作者兼主人公のダンテが訪れる煉獄山、特にその山頂にある楽園の描写である。そこには「金星」（太陽と月に次いで全天中最も明るい天体）、「七つの星」、「女性」、「二筋の水流」、「樹に止まる鳥」と、マルセイユ版「星」札の諸モチーフが、ほぼすべて顔を出しているからである。

『神曲』のフランスでの受容は、16世紀フランス・ルネサンス期の「フランスのフィレンツェ」、リヨンが主要な基点であったと聞く（他の地方ではまるで人気がなかった、とも）。「リヨン＝マルセイユ版のルーツ」説に、微妙にリンクする話である。

46

ルヴァンのニコラ・コンヴェル版〈星〉

Tarot of Marseilles by Nicolas Conver
1860年代頃　フランス／マルセイユ　夢然堂蔵

カモワンのニコラ・コンヴェル版〈星〉

Tarot of Marseilles by Nicolas Conver
19世紀末　フランス／マルセイユ　夢然堂蔵

＊各パックについては第1巻「愚者・奇術師」〔17〜19頁〕で解説

ミュラー版〈星〉
Tarot of Marseilles by J. Muller
19世紀末頃　スイス／シャフハウゼン　夢然堂蔵

ヴィアッソーネのピエモンテ版〈星〉

Piedmont Tarot by Alessandro Viassone
1900年前後（?）　イタリア／トリノ　夢然堂蔵

オズヴァルト・ヴィルト・
タロット〈星〉
Oswald Wirth Tarot
1889　フランス／パリ
フランス国立図書館蔵（パリ）

19世紀末のオカルト主義者オズヴァ
ルト・ヴィルトによる「星」。「生存
競争に打ちのめされた人を慰めて立
ちなおさせる女性」を意味するとい
う。魂を象徴する蝶にも注目。

グラン・エテイヤ（タロット・エジプシャン）
〈数えること〉

Grand Etteilla or Tarot Égyptien
1875-99頃　フランス／パリ
鏡リュウジ蔵

18世紀末のカード占い師エテイヤが制作した
史上初の「占い専用」タロットの１枚。頭上
には太陽以外の６つの伝統的な惑星の記号が
描かれている。付録の冊子によると「損失に
つながる秘密の暴露」の意味があるという。

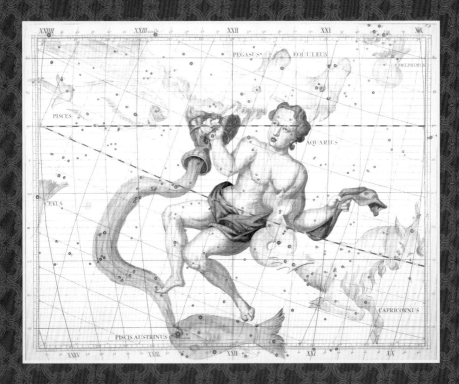

名画に見る〈星〉

ジョン・フラムスティード
『天球図譜』より
ジェームズ・ソーンヒル
《水瓶座》

1729　手彩色／エングレーヴィング
個人蔵

星の下で川に水を注ぐ女性というタロットの図像は「水瓶座」を思い起こさせる。水瓶座のモデルになっているのはユピテルに見初められ、さらわれた美少年ガニュメデスという説がある。彼は永遠の若さを与えられ、ユピテルの給仕役を務めた。ギリシャ・ローマの神々はその甕から注がれる酒を飲んで生きながらえたという。

ウェイト゠スミス版
〈星〉

Waite-Smith Tarot
1910　イギリス／ロンドン　夢然堂蔵

20世紀以降のタロット文化に決定的な影響を与えたウェイト゠スミス版。大きな星とそれを取り巻く7つの小さな星について、ウェイトが所属していた魔術結社「黄金の夜明け」団ではシリウスとその伴星であると解釈されていたという。

THE STAR.

01.

ヘクセン 2.0 タロット

Suzanne Treister
HEXEN 2.0 / Tarot XVII The Star
- Quantum Computing - AI, Archival giclée print with
watercolour on Hahnemuhle Bamboo paper,
21×29.7cm, 2009-11, Courtesy the artist, Annely Juda
Fine Art, London and P.P.O.W., New York

🌐 suzannetreister.net

現代の情報テクノロジー、カウンターカル
チャーなどのモチーフを、古い時代の錬金
術図版の様式を用いて表現したきわめて冒
険的なタロット。「星」は人々を支配する危
うい情報技術を表現する。

02.

リヴィング・スレッド・タロット

The Living Thread Tarot by Prior Lokason

🌐 whaleteeth.art
📷 whaleteethart

アーティストのプリオール・ロカソ
ンが制作したタロット。骨のモチー
フが多用されているのが特徴。骨で
表現される腕が遠くの「星」をつか
もうとする様子で描かれる。

03.

サークル・オブ・ドアーズ・タロット

*Circle of Doors Tarot by Anne Staveley and
Jill Sutherland*

🌐 circleofdoorstarot.com
📷 circleofdoorstarot

78枚のフルパックの1枚1枚が、すべて
女性のキャストの写真で構成される労作。
銀河に漂う裸身の女性によってこの「星」
は表現されるが、これは川と裸身の女性
という伝統的な図像の変奏でもある。

04.

セラフィーナ・タロット

Serafina Tarot by Rae Serafina Barker

🌐 raeserafinabarker.com
📷 raeserafina

コラージュで制作された作品。大き
な「星」の下、結跏趺坐のポーズで
瞑想する女性の前に壺が浮かび、そ
こから大地に水が注がれる。水はこ
の女性の「気」なのだろうか。

近現代絵画に見る
星

——星あるところに希望が生まれ、
救いの道が開かれる

文・千田歌秋

　星には、天に輝く星だけでなく、水を流す女性や空を眺める人が描かれ、希望と救済を体現している。

　ウォーターハウスは、初夜に夫を殺害し、冥府で穴の開いた甕へ永遠に水を注ぎ続ける罰を受けたダナオスの娘たちを描いた。旱魃と洪水を鎮める儀式を思わせる神話だが、星が運行せず、天上に祈りが届かない冥界で、彼女たちが救われることはあるのだろうか。

　ムンクは、星空のもと逢瀬を重ねるカップルを描いた。最晩年の画家は、女性や死に対する恐怖から解放されたのかもしれない。星に祝福される2人を影のみで描き、天国で愛に満たされて救われる自分を重ね合わせているかのようだ。

ジョン・ウィリアム・ウォーターハウス
《ダナオスの娘たち》

1906　油彩／カンヴァス　162.5×127.4cm
アバディーン美術館蔵

エドヴァルド・ムンク
《星月夜》
1922-24　油彩／カンヴァス　120.5×100.5cm
ムンク美術館蔵 (オスロ)

星からの
メッセージ

★ 純粋な気持ちで希望を持つ ★

輝く星は古来、希望の象徴だった。
どんなことがあったとしても生ある限り、
最後に「希望」だけは残る。
いや、残らなければならない。
「星」のカードは新しい希望が生まれてくることを暗示している。
とくにつらいことがあったときにこそ、
「次」が見えてきたときの喜びは大きい。
たとえそれが小さな可能性だったとしても、光は光なのである。
新しい目標、理想が見つかることもあるはずだ。
不調に感じられていたことにも、新鮮なエネルギーが
静かに注ぎ込まれるように感じられるだろう。
問題があったとしてもそれを解決するための
ヒントが浮かび上がってくる。
純粋な気持ちを取り戻すことが鍵になる。

Love / 恋愛

シングルの人、これまで恋をあきらめていた人には
新しい希望が生まれるとき。
先が見えない恋をしていた人にも、
次に進むための方向性が浮かび上がってくるだろう。
また友情に近い恋愛の可能性もある。
希望や目標を共有できるような相手との恋。

Work / 仕事

先行き不透明だった状況から抜け出す。
もう一段高い目標を設定できるようになる。
経済的な成功のみならず、高い理想を掲げる。
ただし、理想が高すぎると
現実的なヴィジョンを見失う可能性もある。
高みを目指すことのプラス面とマイナス面を考えること。

Relationship / 対人関係

素晴らしい友情。互いを深く信頼する。
ギブ&テイクの関係ばかりではなく、
純粋な気持ちから生じる友情や信頼関係。
「水に流す」ことができる。
過去のわだかまりを捨てると新しいことができるようになる。
人生を互いに豊かにするような関係。

神秘的でエキゾチック、少し禍々しくもある。タロットに描かれた図像はわたしたちの想像力を刺激し、常識や論理にもとづいた思考からひととき解放してくれる。

15世紀イタリアで貴族のカードゲームとして誕生したタロットは、18世紀のフランスで古代エジプト起源だと信じられ、占いや魔術の道具に変身した。絵札が放つ謎めいたオーラが、18世紀パリの空気——古代異教や原初世界への憧憬、神秘主義の隆盛——に共鳴したからだ。

とはいえ15世紀イタリアの人々にとっては、タロットはそこまで奇怪なオーラを纏っていなかったはずだ。絵札の図像は、当時の教養人には馴染みのあるモチーフやアレゴリーを描いたものだと言われている。

アレゴリー（寓意）とは、抽象的な概念をそれとは別の具体的なものによって示す表現方法を言う。擬人化が典型例だ。たとえば剣と天秤を持った女性像は、そのような格好をした特定の誰かではなく、「正義」という概念を表す。

芸術思想の歴史から見れば、18世紀末〜19世紀の人々がタロットのアレゴリカルな図像表現に魅了されたという事実は興味深い。ちょうど時代はアレゴリーが批判され、この伝統ある技法があまり用いられなくなった時期なのである。

なぜアレゴリーが衰退したのか。個人の独創性が重視されるようになり、芸術が"読解するもの"から"感じるもの"に変化したからである。また学問の近代化が進み、概念を図像で表すことの曖昧さが忌避されるようになったことも一因とされる。

アレゴリーは型にはまった表現だ。誰でも学びさえすれば使うことができる。しかもぱっと見て直感的に分かるものではなく、知識がなければ理解できない。さらには、型やその由来は必ずしも一定していない。

「正義」のアレゴリーで用いられる剣や天秤はまだ、力や公正などをイメージしやすい。しかし「正義」の像はダチョウを従えていることや、目隠しをしていることもある。ダチョウはかつて鉄も食べると信じられて

いたことから、難題でも辛抱強く熟考することを表すが、この鳥の見た目から「正義」を連想することはあまりないだろう。目隠しは偏見の排除を示すと言われることが多いが、逆に盲目（つまり法の濫用に対する風刺）を思わせる描写がなされる場合もある。

アレゴリーは意味（「正義」）と記号（ダチョウを傍らに、目隠しをして剣と天秤を持った女性像）のあいだのズレが大きい。指し示される概念の方が重要で、記号は別に他のものであっても差し支えない。こうした点をドイツの詩人ゲーテ（1749～1832年）やイギリスの詩人コールリッジ（1772～1834年）などが難じた。芸術は意味と記号が一体となった表現を目指すべきだ、と。

たしかに、アレゴリーにおいては意味と記号の結びつきが恣意的で因襲的である。それゆえ時代や地域が変わり、その型が忘れられると、不可解な暗号のように見えてしまう。タロットが廃れて見慣れないものになっていたパリの人々のように。

しかしだからこそ、一度忘れ去られたアレゴリーはわたしたちを誘惑する。これは何を示しているのだろうかと、どこまでも思い巡らせることができる。その図像との出会いは何かのお告げではないかと感じさせることさえある。

そもそも、意味と完全に一致した記号などありえない。言葉であっても意味とのズレは残る。それゆえあらゆる表現はアレゴリカルだ、と20世紀の哲学では指摘されてきた。

そのため、決まった型はむしろ豊かな創造の源にもなる。そのことは本シリーズの「現代のタロット」コーナーを見れば実感できる。

芸術の表舞台から、意味と記号のあいだに遊びのある表現が淘汰されていった近代。その時代にタロットへ魔術的な息吹が吹き込まれたという歴史は、アレゴリーが持つ、ひいては芸術表現が持つ魅力を教えてくれるのではないだろうか。

（いおく・ようこ　美学／日本学術振興会特別研究員）

切札一覧（大アルカナ）

* 図版はすべて、ウェイト＝スミス版（1910、イギリス／ロンドン、夢然堂蔵）。
* 掲載順は伝統的なマルセイユ版に基づき、第8番を「正義」（第5巻）、第11番を「力」（第6巻）とした。
* 数札・人物札（小アルカナ）は第12巻に掲載。

0 愚者
The Fool〔第1巻〕

1 奇術師
The Magician〔第1巻〕

6 恋人
The Lovers〔第4巻〕

7 戦車
The Chariot〔第4巻〕

8 正義
Justice〔第5巻〕

9 隠者
The Hermit〔第5巻〕

14 節制
Temperance〔第8巻〕

15 悪魔
The Devil〔第8巻〕

16 塔
The Tower〔第9巻〕

17 星
The Star〔第9巻〕

2 女教皇
The High Priestess〔第2巻〕

3 女帝
The Empress〔第2巻〕

4 皇帝
The Emperor〔第3巻〕

5 教皇
The Hierophant〔第3巻〕

10 運命の輪
Wheel of Fortune〔第6巻〕

11 力
Strength〔第6巻〕

12 吊られた男
The Hanged Man〔第7巻〕

13 死神
Death〔第7巻〕

18 月
The Moon〔第10巻〕

19 太陽
The Sun〔第10巻〕

20 審判
Judgement〔第11巻〕

21 世界
The World〔第11巻〕

鏡 リュウジ（かがみ・りゅうじ）

占星術研究家、翻訳家。1968年、京都府生まれ。国際基督教大学卒業、同大学院修士課程修了（比較文化）。英国占星術協会会員、日本トランスパーソナル学会理事、東京アストロロジー・スクール主幹。平安女学院大学客員教授、京都文教大学客員教授。著書に『鏡リュウジの実践タロット・リーディング』『タロット バイブル 78枚の真の意味』（以上、朝日新聞出版）、『タロットの秘密』（講談社）、『はじめてのタロット』（ホーム社）、訳書に『ユングと占星術』（青土社）、『神託のタロット ギリシアの神々が深層心理を映し出す』『ミンキアーテ・タロット』（以上、原書房）など多数。『ユリイカ タロットの世界』（青土社）責任編集も務める。

夢然堂（むぜんどう）

古典タロット愛好家。『ユリイカ タロットの世界』（青土社）では、『マルセイユのタロット』史 概説」と「日本におけるタロットの受容史」を担当。その他、国内外の協力作品や企画多々。第4回国際タロット賞選考委員。福岡県在住。

千田歌秋（せんだ・かあき）

東京麻布十番の占いカフェ＆バー燦伍（さんご）のオーナー占い師およびバーテンダー。著書に『はじめてでも、いちばん深く占える タロット READING BOOK』（学研プラス）、『ビブリオマンシー 読むタロット占い』（日本文芸社）がある。

写真協力：夢然堂／鏡リュウジ／アフロ（akg-images, Artothek, AWL Images, Bridgeman Images）

アルケミスト双書　タロットの美術史〈9〉

塔（とう）・星（ほし）

2024年5月20日　第1版第1刷発行

著者	鏡 リュウジ
発行者	矢部敬一
発行所	株式会社 創元社　https://www.sogensha.co.jp/
本社	〒541-0047 大阪市中央区淡路町4-3-6 Tel.06-6231-9010　Fax.06-6233-3111
東京支店	〒101-0051 東京都千代田区神田神保町1-2 田辺ビル Tel.03-6811-0662（代）
印刷所	図書印刷 株式会社
装幀・組版	米倉英弘・鈴木沙季・橋本 葵（細山田デザイン事務所）
編集協力	関 弥生

©2024 Ryuji Kagami, Printed in Japan　ISBN 978-4-422-70169-1 C0371